Für

_____

Von

_____

No. 50

Schöner lesen!

ISBN 978-3-649-64883-3

© 2024 Coppenrath Verlag GmbH & Co. KG

Hafenweg 30, 48155 Münster, Germany

Illustrationen: Grafikteam Coppenrath Verlag

Grafische Gestaltung: Daniela Lengers Grafik-Design, Laer

Redaktion: Nina Sträter

www.coppenrath.de

ES WAR
AN EINEM
WEIHNACHTSTAG ...

Die schönsten
Geschichten zum Fest

COPPENRATH

VIER KERZEN

Vier Kerzen brannten am Adventskranz. Es war ganz still – so still, dass man die Kerzen reden hörte.

Die erste Kerze seufzte: „Ich heiße Frieden. Ich möchte für die Menschen leuchten. Aber mein Licht hat keine Kraft mehr. Die Menschen halten keinen Frieden. Es scheint, als wollten sie mich nicht." Ihr Licht wurde immer kleiner und erlosch.

Die zweite Kerze flackerte auf und sagte: „Ich heiße Glauben. Ich möchte für die Menschen leuchten. Aber es ist, als ob ich überflüssig geworden wäre. Die Menschen fragen nicht mehr nach mir. Es hat keinen Sinn mehr, dass ich brenne." Ein Luftzug wehte durch den Raum und die zweite Kerze erlosch.

Leise und traurig meldete sich nun die dritte Kerze zu Wort: „Ich heiße Liebe. Ich möchte für die Menschen leuchten. Aber auch meine Kraft schwindet dahin. Die Menschen stellen mich auf die Seite. Sie sehen nur sich selbst, nicht die anderen. Für die Liebe haben sie immer weniger Zeit und Platz. So muss mein Licht ersticken."

Und mit einem letzten Aufflackern erlosch auch das dritte Licht.

Da kam ein Kind in den Raum. Es sah die Kerzen und erschrak: „Aber warum brennt ihr denn nicht mehr? Ihr solltet doch leuchten!" Das Kind wurde sehr traurig. Da tanzte der Lichtschein der vierten Kerze, und sie sprach: „Hab keine Angst und sei nicht traurig. Mein Licht brennt noch für die Menschen. Solange ich brenne, können wir auch die anderen drei Kerzen wieder anzünden. Denn ich heiße Hoffnung."

Da nahm das Kind Licht von dieser Kerze und zündete die anderen wieder an.

VOLKSGUT

BACKEN

Der Advent hat seinen eigenen Duft. Fast in jeder Wohnung spürt man ein Rüchlein davon: Kripperlrinde, Tannenzweige, Wachs und vor allem in den Küchen und Gängen von Mal zu Mal genau vertraute Geschmäcklein nach Weihnachtsgebackenem, nach Zucker und gewürztem Teig, nach Zitronat, Mandeln, Maronen, Arrak ...

In den Bürgerhäusern ist noch aus Urgroßmutters Tagen ein vergilbtes, stockfleckiges Heft da. Die Schrift darin ist mit Liebe und Sorgfalt, mit kleinen biedermeierlichen Schnörkeln gesetzt, alte Maße und Gewichte finden sich: ein „Maßl" Mehl, zehn „Loth" Zucker, ein „Deka" Muskat, ein bisschen umständlich ist alles beschrieben: „Man nehme" ... „alsdann tue man" ... „rühre das Ganze emsig und gut ineinander" ...

Dann wechselt die Schrift: Großmutter hat das Buch fortgeführt, die Mutter hat es ergänzt. Ein Geschlecht von Schriften, ein Geschlecht von Köchinnen. Zwischenhinein haben Kinderfinger, die nun auch längst alt und knorpelig geworden sind, ihr Krikelkrakel gemalt. Für Marzipan, Butterteig, Haselnuss, Zimtsterne, für drei Dutzend guter Weihnachtssachen ist hier der rechte Wegweiser. Weihnachtsbackwerk muss jenseits der Alltagsküche hergestellt werden. Am späten Nachmittag, am Abend. Herrliche Erinnerung aus der Kinderzeit: Da kam man an einem frostigen Dezembertag rotgefroren, die Schlittschuhe in den klammen Fingern, gegen Abend heim, und aus der geöffneten Wohnungstür roch es nach heißem Kaffee. Die Rohrnudel lag neben der Tasse, die Petroleumlampe blakte schon, aber noch etwas lag in der Luft: Weihnachtsguteln!

Dann jagte uns die Mutter mit freundlichem Schelten vom Tisch weg und kam mit Teigschüssel und Nudelbrett, mit Orangeat und Zitronat, mit Haselnüssen und Nusskernen, und da wurde gewalkt und geschlagen, geschnitten und gerieben. Die Mädchen durften dabei die Hand reichen. Wir Kleinen aber sahen mit runden, gierigen Augen auf Rosinen, Nüsse und Zucker, und es kribbelte in den Händen ... Da hatte die Mutter ein Einsehen und schob jedem ein paar Kerne und Weinbeeren zu. An ihnen hing schon Weihnachten.

War erst der Teig ausgewalkt, so kam das hohe Fest des Ausstechens und bei Marzipan des Modellierens. Da tat wohl auch der gestrenge Vater mit und machte manchmal einen Spaß dabei. Da lagen sie nun, die Sternlein und Blumen, Hasen und Vögel, die Glocken und Herzen. Und im Marzipanteig wölbten sich Ross und Reiter, Rosen und Tulpen, hoben sich Gockelhähne, Rehfamilien und Schäferinnen. Wie ein süßer Zauberberg roch die Stube. Wurden die Teigreste wieder zusammengewalkt, so stibitzte man immer ein Fetzchen von dem süßen rohen Teig, und das schmeckte fast noch besser als das Gebäck selbst. Man blieb länger auf an solchen Abenden, und wenn die ersten Plätzchen heiß und duftend aus dem Rohr kamen, reckte alles die Hälse ...

War ausgebacken, so wurde alles Backwerk in die großen Schachteln getan, die standen im Kammerl auf dem höchsten Kasten und warteten auf die weihnachtliche Erlösung. Sehnsüchtig gingen die Kinderaugen da hinauf und bettelten bei der Mutter. Die ließ sich dann manchmal doch erweichen und spendierte für besondere Bravheit, für außergewöhnlichen Fleiß hin und wieder ein Stückl, nicht ohne zu seufzen: „Ihr Fresssäck, ihr glustigen – was soll denn da für Weihnachten bleibn!" Aber es blieb immer noch genug, um jedes Körbchen bis zum Rand zu füllen, und selig war man dann, wenn man ein Stückl wiedererkannte, das man selbst ausgestochen hatte.

JULIUS KREIS

DER SCHÖNSTE VON ALLEN

WEIT UND BREIT,

DAS IST DER BAUM,

DER GRÜNT ALLZEIT;

DA HÄNGEN

HUNDERT SACHEN DRAN

UND DEN BRINGT UNS

DER WEIHNACHTSMANN.

HOFFMANN VON FALLERSLEBEN

IN DER GEBORGENHEIT

DER FAMILIE

WEIHNACHTEN ZU FEIERN

IST IN DER HEUTIGEN ZEIT

WOHL DAS SCHÖNSTE

ALLER GESCHENKE.

MONIKA HUNNIUS

DIE HEILIGE NACHT

Es war an einem Weihnachtstag, alle waren zur Kirche gefahren, außer Großmutter und mir. Ich glaube, wir beide waren im ganzen Haus allein. Wir hatten nicht mitfahren können, weil die eine zu jung und die andere zu alt war. Und alle beide waren wir betrübt, dass wir nicht zum Mettegesang fahren und die Weihnachtslichter sehen konnten. Aber wie wir so in unserer Einsamkeit saßen, fing Großmutter zu erzählen an.

Es war einmal ein Mann, der in die dunkle Nacht hinausging, um sich etwas Feuersglut zu holen. Er ging von Hütte zu Hütte und klopfte an jede Tür.
„Helft mir, ihr lieben Leute!", sagte er. „Mein Weib hat eben ein Kindlein geboren und ich muss Feuer anzünden, um sie und das Kind-lein zu erwärmen."
Aber es war tiefe Nacht, sodass alle Men-schen fest schliefen. Niemand antwortete

ihm. Der Mann ging immer weiter. Schließlich gewahrte er in weiter Ferne einen hellen Feuerschein. Er wanderte in dieser Richtung fort und sah, dass das Feuer im Freien brannte. Eine Menge weißer Schafe lagerte schlafend ringsumher und ein alter Hirt saß daneben und bewachte die Herde.

Als der Mann, der das Feuer holen wollte, die Schafe erreicht hatte, sah er, dass drei große Hunde schlafend zu des Hirten Füßen lagen. Bei seinem Kommen erwachten sie alle drei und sperrten ihre weiten Rachen auf, als ob sie bellen wollten, man vernahm jedoch keinen Laut. Der Mann sah, dass sie auf ihn zustürzten. Aber die Kinnladen und die Zähne, mit denen die Hunde ihn beißen wollten, gehorchten nicht, und der Mann erlitt nicht den geringsten Schaden.

Nun wollte er vorwärtsgehen, um zu holen, was er brauchte. Aber die Schafe lagen Rücken an Rücken so dicht gedrängt, dass er nicht vorwärtskam. Und der Mann schritt

über die Rücken der Tiere zum Feuer hin.
Aber keines erwachte oder bewegte sich.

So weit hatte Großmutter ungestört erzählen können, aber nun konnte ich es nicht lassen, sie zu unterbrechen. „Warum regten sie sich nicht, Großmutter?", fragte ich. „Das wirst du nach einem Weilchen schon erfahren", sagte Großmutter und fuhr mit ihrer Geschichte fort.

Als der Mann schon beim Feuer angelangt war, blickte der Hirte auf. Er war ein alter, heftiger Mann, unfreundlich und hart gegen alle Menschen. Als er nun einen Fremden nahen sah, griff er nach einem langen, spitzen Stab, den er in der Hand zu halten pflegte, wenn er seine Herde weiden ließ, und schleuderte ihn nach dem Mann. Der Stab flog sausend gerade auf ihn zu, aber ehe er ihn treffen konnte, wich der Stab zur Seite und flog

am Mann vorbei ins Feld hinaus.
Nun kam der Mann auf den Hirten
zu und sprach zu ihm: „Lieber, hilf
mir und lass mich etwas von deiner
Feuersglut nehmen! Mein Weib hat
eben ein Kindlein geboren und ich
muss Feuer anzünden, um sie und das
Kindlein zu erwärmen."
Der Hirt hätte es ihm am liebsten abge-
schlagen, aber er dachte daran, dass seine
Hunde diesem Mann keinen Schaden hatten zufügen können, dass die Schafe nicht
vor ihm davongelaufen waren und dass sein
Stab ihn nicht hatte niederstrecken wollen.
Da wurde ihm etwas bange zumute und er
wagte nicht, ihm die Bitte abzuschlagen.
„Nimm, so viel du brauchst!", sagte er zu
dem Mann.
Das Feuer war jedoch fast gänzlich nieder-
gebrannt. Nur ein großer Gluthaufen lag da
und der Fremde hatte weder Schaufel noch
Eimer, um darin die rot glühenden Kohlen

heimzutragen. Aber der Mann beugte sich nieder, las mit bloßen Händen die glühenden Kohlen aus der Asche und wickelte sie in seinen Mantel und die Kohlen versengten ihm weder Hände noch Mantel.

Aber hier wurde die Märchenerzählerin zum zweiten Mal unterbrochen. „Großmutter, warum wollte die Kohle den Mann nicht brennen?"

„Das wirst du schon hören", sagte Großmutter, und dann erzählte sie weiter.

Als jener Hirt, der ein so böser und heftiger Mensch war, all dies sah, rief er den Fremden zurück und sprach zu ihm: „Was ist das für eine Nacht? Und wie kommt es, dass alle Dinge dir Barmherzigkeit zeigen?"

Da sprach der Mann: „Das kann ich dir nicht sagen, wenn du es nicht selber erkennst."

Und er wollte seines Weges gehen, um bald ein Feuer anzuzünden und sein Weib und Kind erwärmen zu können.

Der Hirt aber stand auf und ging ihm nach, bis er dorthin kam, wo der Fremde hauste.

Da sah der Hirt, dass der Mann nicht einmal eine Hütte besaß, um darin zu wohnen, sondern sein Weib und Kind lagen in einer Felsenhöhle, die nur nackte, kalte Steinwände hatte. Und der Hirt dachte, dass das arme unschuldige Kind vielleicht in dieser Höhle erfrieren und sterben würde, und obwohl er ein hartherziger Mann war, rührte ihn dieses Elend. Er löste seinen Ranzen von der Schulter und nahm daraus ein weiches weißes Schaffell, gab es dem fremden Mann und sagte, er solle das Kindlein darauf betten.

Aber sobald er gezeigt hatte, dass auch er barmherzig sein konnte, wurden ihm die Augen geöffnet, und er sah, was er zuvor nicht wahrgenommen hatte, und hörte, was zuvor seinen Ohren verschlossen war:

Er sah, dass er inmitten einer dichten Schar kleiner silberbeschwingter Engel stand, und alle sangen mit jubelnder Stimme, dass in

dieser Nacht der Heiland geboren sei.
Da verstand er. Voll Freude, dass seine Au-
gen geöffnet waren, sank er auf die Knie und
lobte Gott.

Aber als Großmutter so weit gekommen war, seufzte sie und sagte: „Aber was der Hirte sah, das könnten wir auch sehen, denn die Engel fliegen in jeder Weihnachtsnacht unter dem Himmel, wenn wir sie nur zu gewahren vermögen."

Und dann legte Großmutter ihre Hand auf meinen Kopf und sagte: „Dies sollst du dir merken, denn es ist so wahr, wie dass ich dich sehe und du mich siehst. Nicht auf Lichter und Lampen kommt es an, und es liegt nicht an Mond und Sonne, sondern was Not tut, ist, dass wir Augen haben, die Gottes Herrlichkeit sehen können."

SELMA LAGERLÖF

DER ALLERERSTE
WEIHNACHTSBAUM

Der Weihnachtsmann ging durch den Wald. Er war ärgerlich. Sein weißer Spitz, der sonst immer lustig bellend vor ihm herlief, merkte das und schlich hinter seinem Herrn mit eingezogener Rute her. Er hatte nämlich nicht mehr die rechte Freude an seiner Tätigkeit. Es war alle Jahre dasselbe. Es war kein Schwung in der Sache. Spielzeug und Esswaren, das war auf die Dauer nichts. Die Kinder freuten sich wohl darüber, aber quieken sollten sie und jubeln und singen, so wollte er es, das taten sie aber nur selten.

Den ganzen Dezembermonat hatte der Weihnachtsmann schon darüber nachgegrübelt, was er wohl Neues erfinden könne, um einmal wieder eine rechte Weihnachtsfreude in die Kinderwelt zu bringen, eine Weihnachtsfreude, an der auch die Großen teilnehmen würden.

So stapfte er denn auch durch den verschneiten Wald, bis er auf dem Kreuzweg war. Dort wollte er das Christkindchen treffen. Mit dem beriet er sich nämlich immer über die Verteilung der Gaben.

Schon von Weitem sah er, dass das Christkindchen da war, denn ein heller Schein war dort. Das Christkindchen hatte ein langes weißes Pelzkleidchen an und lachte über das ganze Gesicht. Denn um es herum lagen große Bündel Kleeheu und Bohnenstiegen und Espen- und Weidenzweige, und daran taten sich die hungrigen Hirsche und Rehe und Hasen gütlich. Sogar für die Sauen gab es etwas: Kastanien, Eicheln und Rüben.

Der Weihnachtsmann nahm seinen Wolkenschieber ab und begrüßte das Christkindchen. „Na, Alterchen, wie geht's?", fragte das Christkind. „Hast wohl schlechte Laune?" Damit hakte es den Alten unter und ging mit ihm. Hinter ihnen trabte der kleine Spitz, aber er sah gar nicht mehr betrübt aus und hielt seinen Schwanz kühn in die Luft.

„Ja", sagte der Weihnachtsmann, „die ganze Sache macht mir so recht keinen Spaß mehr. Liegt es am Alter oder an sonst was, ich weiß nicht. Das mit den Pfefferkuchen und den Äpfeln und Nüssen, das ist nichts mehr. Das essen sie auf, und dann ist das Fest vorbei. Man müsste etwas Neues erfinden, wobei Alt und Jung singt und lacht und fröhlich wird."

Das Christkindchen nickte und machte ein nachdenkliches Gesicht, dann sagte es: „Da hast du recht, mir ist das auch aufgefallen. Ich habe daran auch schon gedacht, aber das ist nicht so leicht."

„Das ist es ja gerade", knurrte der Weihnachtsmann, „ich bin zu alt und zu dumm dazu. Ich habe schon richtiges Kopfweh vom vielen Nachdenken und es fällt mir doch nichts Vernünftiges ein. Wenn es so weitergeht, schläft allmählich die ganze Sache ein und es wird ein Fest wie alle anderen, von dem die Menschen dann weiter nichts haben als Faulenzen, Essen und Trinken."

Nachdenklich gingen beide durch den weißen Winterwald. Es war so still, kein Zweig rührte sich, nur wenn die Eule sich auf einen Ast setzte, fiel ein Stück Schneebehang mit halblautem Ton herab. So kamen die beiden, den Spitz hinter sich, aus dem hohen Holz auf einen alten Kahlschlag, auf dem große und kleine Tannen standen. Das sah wunder-

schön aus. Der Mond schien hell und klar, alle Sterne leuchteten, der Schnee sah aus wie Silber, und die Tannen standen darin, schwarz und weiß, dass es eine Pracht war. Eine fünf Fuß hohe Tanne, die allein im Vordergrund stand, sah besonders reizend aus. Sie war regelmäßig gewachsen, hatte auf jedem Zweig einen Schneestreifen, an den Zweigspitzen kleine Eiszapfen und glitzerte und flimmerte nur so im Mondenschein.

Das Christkindchen ließ den Arm des Weihnachtsmannes los, stieß den Alten an, zeigte auf die Tanne und sagte: „Ist das nicht wunderhübsch?"

„Ja", sagte der Alte, „aber was hilft mir das?"

„Gib ein paar Äpfel her", sagte das Christkindchen, „ich habe einen Gedanken."

Der Weihnachtsmann machte ein dummes Gesicht, denn er konnte es sich nicht recht vorstellen, dass das Christkind bei der Kälte Appetit auf die eiskalten Äpfel hatte. Er machte sein Tragband ab, stellte seine riesige Kiepe in den Schnee, kramte darin herum und langte ein paar recht schöne Äpfel heraus. Dann fasste er in die Tasche, holte sein Messer heraus, wetzte es an einem Buchenstamm und reichte es dem Christkindchen.

„Sieh, wie schlau du bist", sagte das Christkindchen. „Nun schneid mal etwas Bindfaden in zwei fingerlange Stücke und mach mir kleine Pflöckchen."

Dem Alten kam das alles etwas ulkig vor, aber er sagte nichts und tat, was man ihm sagte. Dann nahm das Christkind einen Apfel, steckte ein Pflöckchen hinein, band den Faden daran und hängte den an einen Ast.

„So", sagte es dann, „nun müssen auch an die anderen welche und dabei kannst du helfen, aber vorsichtig, dass kein Schnee abfällt!"

Der Alte half, obgleich er nicht wusste, warum. Aber es machte ihm schließlich Spaß, und als die ganze kleine Tanne voll von rotbäckigen Äpfeln hing, da trat er fünf Schritte zurück, lachte und sagte: „Kiek, wie niedlich das aussieht! Aber was hat das alles für'n Zweck?"

„Braucht denn alles gleich einen Zweck zu haben?", lachte das Christkind. „Pass auf, das wird noch schöner. Nun gib mal Nüsse her!"

Der Alte krabbelte aus seiner Kiepe Walnüsse heraus und gab sie dem Christkindchen. Das steckte in jedes ein Hölzchen, machte einen Faden daran, rieb immer eine Nuss an der goldenen Oberseite seiner Flügel und die nächste an der silbernen Unterseite seiner Flügel und hängte sie zwischen die Äpfel.

„Was sagst du nun, Alterchen?", fragte es dann. „Ist das nicht allerliebst?"

„Ja", sagte der, „aber ich weiß immer noch nicht …"

„Komm schon!", lachte das Christkindchen. „Hast du Lichter?"

„Lichter nicht", meinte der Weihnachtsmann, „aber 'nen Wachsstock!"

„Das ist fein", sagte das Christkind, nahm den Wachsstock, zerschnitt ihn und drehte erst ein Stück um den Mitteltrieb des Bäumchens und die anderen Stücke um die Zweigenden, bog sie gerade und sagte dann: „Feuerzeug hast du doch?"

„Gewiss", sagte der Alte, holte Stein, Stahl und Schwammdose heraus, pinkte Feuer aus dem Stein, ließ den Zunder in der Schwammdose zum Glimmen kommen und steckte daran ein paar Schwefelspäne an. Die gab er dem Christkindchen. Das nahm einen hell brennenden Schwefelspan und steckte damit erst das oberste Licht an, dann das nächste davon rechts, dann das gegenüberliegende. Und rund um das Bäumchen gehend, brachte es so ein Licht nach dem andern zum Brennen.

Da stand nun das Bäumchen im Schnee; aus seinem halb verschneiten, dunklen Gezweig sahen die roten Backen der Äpfel, die Gold- und Silbernüsse funkelten und die gelben Wachskerzen brannten feierlich. Das Christkindchen lachte über das ganze rosige Gesicht und patschte in die Hände, der alte Weihnachtsmann sah gar nicht mehr so brummig aus und der kleine Spitz sprang hin und her und bellte. Als die Lichter ein wenig heruntergebrannt waren, wehte das Christkindchen mit seinen Flügeln und da gingen die Lichter aus. Es sagte dem Weihnachtsmann, er solle das Bäumchen vorsichtig absägen und dann gingen beide den Berg hinab und nahmen das bunte Bäumchen mit.

Als sie in den Ort kamen, schlief schon alles. Beim kleinsten Haus machten die beiden Halt und traten leise ein. In der Stube stand ein dreibeiniger Schemel mit einer durchlochten Platte. Den stellten sie auf den Tisch und steckten den Baum hinein. Der Weihnachtsmann legte dann noch allerlei schöne Dinge, Spielzeug, Kuchen, Äpfel und Nüsse unter den Baum, und dann verließen beide das Haus so leise, wie sie es betreten hatten.

Als der Mann, dem das Häuschen gehörte, am andern Morgen erwachte und den bunten Baum sah, da staunte er und wusste nicht, was er dazu sagen sollte. Als er aber an dem Türpfosten, den des Christkinds Flügel gestreift hatte, Gold- und Silberflimmer hängen sah, da wusste er Bescheid. Er steckte die Lichter an dem Bäumchen an und weckte Frau und Kinder. Das war eine Freude in dem kleinen Haus wie an keinem Weihnachtstag. Keines von den Kindern sah nach dem Spielzeug, nach dem Kuchen und den Äpfeln, sie sahen nur alle nach dem Lichterbaum. Sie fassten sich an den Händen, tanzten um den Baum und sangen alle Weihnachtslieder, die sie wussten, und selbst das Kleinste, das noch auf dem Arm getragen wurde, krähte, was es krähen konnte.

Als es helllichter Tag geworden war, da kamen die Freunde und Verwandten des Bergmanns, sahen sich das Bäumchen an, freuten sich darüber und gingen gleich in den Wald, um sich für ihre Kinder auch ein Weihnachtsbäumchen zu holen. Die anderen Leute, die das sahen, machten es nach, jeder holte sich einen Tannenbaum und putzte ihn an, der eine so, der andere so, aber Lichter, Äpfel und Nüsse hängten sie alle daran. Als es dann Abend wurde, brannte im ganzen Dorf Haus bei Haus ein Weihnachtsbaum, überall hörte man Weihnachtslieder und das Jubeln und Lachen der Kinder.

Von da aus ist der Weihnachtsbaum über ganz Deutschland gewandert und von da über die ganze Erde. Weil aber der erste Weihnachtsbaum am Morgen brannte, so wird in manchen Gegenden den Kindern morgens beschert.

HERMANN LÖNS

DAS CHRISTBÄUMCHEN

Die Bäume stritten einmal miteinander, wer von ihnen der vornehmste wäre.

Da trat die Eiche vor und sagte: „Seht mich an! Ich bin hoch und dick und habe viele Äste, und meine Zweige sind reich an Blättern und Früchten."

„Früchte hast du wohl", sagte der Pfirsichbaum; „allein es sind nur Früchte für die Schweine; die Menschen mögen nichts davon wissen. Aber ich, ich liefere die rotbackigen Pfirsiche auf die Tafel des Königs."

„Das hilft nicht viel", sagte der Apfelbaum, „von deinen Pfirsichen werden nur wenige Leute satt. Auch dauern sie nur wenige Wochen; dann werden sie faul und niemand kann sie mehr brauchen. Da bin ich ein anderer Baum. Ich trage alle Jahre Körbe voll Äpfel, die brauchen sich nicht zu schämen, wenn sie auf eine vornehme Tafel gesetzt werden. Sie machen auch die Armen satt. Man kann sie den ganzen Winter im Keller aufbewahren oder im Ofen dörren oder Most daraus keltern. Ich bin der nützlichste Baum!"

„Das bildest du dir nur ein", sagte die Fichte, „aber du irrst dich. Mit meinem Holz baut man die Häuser und heizt man die Öfen. Mich schneidet man zu Brettern und macht Tische, Stühle, Schränke, ja sogar Schiffe daraus. Dazu bin ich im Winter nicht so kahl wie ihr: Ich bin das ganze Jahr hindurch schön grün. Auch habe ich noch einen Vorzug. Wenn es Weihnachten wird, dann kommt das Christkindchen, setzt mich in ein schönes Gärtchen und hängt goldene Nüsse und Äpfel an meine Zweige. Über mich freuen sich die Kinder am allermeisten. Ist das nicht wahr?"

Dem konnten die anderen Bäume nicht widersprechen.

WILHELM CURTMANN

WEIHNACHTSMÄRCHEN

In einem Häuschen am Eingang eines Waldes lebte ein armer Tagelöhner, der sich mit Holzhauen mühsam sein Brot verdiente. Er hatte eine Frau und zwei Kinder, ein Knäblein und ein Mägdlein. Das Knäblein hieß Valentin und das Mädchen Marie, und sie waren gehorsam und fromm zu der Eltern Freude und halfen ihnen fleißig bei der Arbeit. Als die guten Leute eines Winterabends, da es draußen schneite und wehte, zusammensaßen, da pochte es leise an das Fenster und ein feines Stimmchen rief draußen: „O lasst mich ein in euer Haus! Ich bin ein armes Kind und habe nichts zu essen und kein Obdach und meine, schier vor Hunger und Frost umzukommen. O lasst mich ein!"
Da sprangen Valentin und Mariechen vom Tisch auf, öffneten die Türe und sagten: „Komm herein, armes Kind, wir haben selber nicht viel, aber doch immer mehr als du, und was wir haben, das wollen wir gern mit dir teilen." Das fremde Kind trat ein und erwärmte sich am Ofen die erstarrten Glieder,

und die Kinder gaben ihm zu essen, was sie hatten, und sagten: „Du wirst wohl müde sein. Komm, leg dich in unser Bettchen, wir wollen auf der Bank schlafen."

Da sagte das fremde Kind: „Dank es euch mein Vater im Himmel."

Sie führten den kleinen Gast in ihr Kämmerlein, legten ihn zu Bett, deckten ihn zu und dachten sich: „O wie gut haben wir es doch! Wir haben unsere warme Stube und unser Bettchen; das arme Kind aber hat gar nichts als den Himmel zum Dach und die Erde zum Lager."

Als nun die Eltern zur Ruhe gingen, legten sich Valentin und Marie auf die Bank beim Ofen und sagten zueinander: „Das fremde Kind wird sich nun freuen, dass es warm liegt. Gute Nacht!"

Die Kinder aber hatten kaum einige Stunden geschlafen, da erwachte die kleine Marie und weckte leise ihren Bruder und sagte: „Valentin, wach auf, wach auf! Hör doch mal die schöne Musik vor unserem Fenster!" Da rieb sich Valentin die Augen und lauschte. Es war ein wunderbares Klingen und

Singen, das sich vor dem Hause vernehmen ließ. Und ganz deutlich hörten sie die Worte:

Oh heil'ges Kind, wir grüßen dich
mit Harfenklang
und Lobgesang.
Du liegst in Ruh, du heilig Kind;
wir halten Wacht
in dunkler Nacht.
O Heil dem Haus, in das du kehrst!
Es wird beglückt
und hoch entzückt!

Als die Kinder das hörten, befiel sie eine freudige Angst; sie traten ans Fenster, um zu schauen, was draußen geschähe. Da sahen sie im Osten das Morgenrot glühen und vor dem Hause viele Kinder stehen, die goldene Harfen in den Händen hatten und mit silbernen Kleidern angetan waren. Erstaunt und verwundert ob dieser Erscheinung starrten sie zum Fenster hinaus. Da berührte sie ein leiser Schlag, und als sie sich umwandten, sahen sie das fremde Kind vor sich stehen. Das hatte ein Kleid an von funkelndem Gold und auf dem Haupte eine Krone und sprach zu ihnen: „Ich bin das Christkindlein, das in der Welt umherwandelt, um frommen Kindern Glück und Freude zu bringen. Ihr habt mich beherbergt diese Nacht, indem ihr mich für ein armes Kind hieltet, und ihr sollt nun meinen Segen haben." – Da ging es mit den Kindern hinaus, brach ein Reislein von einem Tannenbaum, der am Hause stand, pflanzte es in den Boden und sprach: „Das Reislein soll zum Baume werden und soll euch alljährlich Früchte bringen." Und alsbald verschwand es mit den Engeln.

Das Tannenreis aber schoss empor und ward zum Weihnachtsbaum; der aber war behangen mit goldenen Äpfeln und Silbernüssen und blühte alle Jahre einmal.

FRANZ VON POCCI

Freuden,
die man anderen macht,
strahlen auf uns
zurück.

–

ANNA RITTER

EINE WEIHNACHTSFAHRT

Wir waren wieder einmal auf unseren Weihnachtsfahrten zu den Armen. Unser Weg führte uns auch dieses Mal in einen der entferntesten Vororte Rigas. Wir hielten vor einem hohen Steinhaus, wo wir mit unserem Weihnachtsbäumchen eine arme Frau aufsuchen wollten. Eine Nachbarin wies uns eine Steintreppe hinauf, die wir mühsam emporkletterten, und wir standen bald in einem großen, dunklen Zimmer, das von einer Petroleumlampe kaum erhellt wurde.

Als wir die Tür öffneten, konnte man zuerst fast nichts in dem dunklen Raum unterscheiden. Ein entsetzlicher Geruch schlug uns entgegen. Als unsere Augen sich an die Dämmerung gewöhnt hatten, erkannten wir die Ursache des furchtbaren Geruchs, der von faulen Tierhäuten herkam, die zum Trocknen von der Decke herabhingen. An der Wand entdeckten wir ein schmales Bett, in dem eine kleine dunkle Gestalt zusammengekrümmt lag.

Wir traten ans Bett, stellten das mitgebrachte Weihnachtsbäumchen auf ein Tischchen – der Pastor las das Weihnachtsevangelium, wir sangen Weihnachtslieder. Mit bösem, hartem Ausdruck blickte die Kranke zu uns herüber; ihr Gesicht hatte etwas von einem Raubvogel, keine Freude, nicht einmal Staunen sprach aus den runden, bösen Augen. Der Pastor redete einige Worte zu ihr, von der Freude, die heute in die Welt gekommen wäre – sie sah ihm starr ins Gesicht, ohne eine Miene zu verziehen; sie konnte die frohe Botschaft nicht hören, ihr Herz war verschlossen und tot. Der Pastor fragte sie, ob sie jemand habe, der sich um sie kümmerte. – Ja, ihre Söhne – am Morgen gingen sie auf Arbeit aus, stellten ihr das Nötige hin und kämen am Abend wieder – den ganzen Tag läge sie allein. – Ob ihr die Einsamkeit schwer zu tragen wäre? – Sie antwortete nicht darauf.

Ein Jammer um dieses lichtlose Leben fasste unsere Herzen. Eine freundliche Blumenhändlerin hatte mir einen großen Strauß Frühlingsblumen für meine Armenfahrt mitgegeben. Ich griff in mein

Körbchen, wo ich sie sorgsam gegen die Winterkälte verwahrt hatte, und legte sie alle der Kranken auf die Brust.

Mit ihren dunklen, verkrümmten Fingern fasste sie vorsichtig nach ihnen wie nach etwas Unwirklichem. Und dann ging eine merkwürdige Veränderung in dem harten, scharfen Gesicht vor sich: Es brach wie ein Leuchten aus ihren Augen.

„Blumen, lebendige Blumen", sagte die harte Stimme, in der plötzlich eine Freude klang. „Blumen für mich", sagte sie noch einmal, „und ich darf sie behalten."

Sie nahm die lichten Frühlingskinder und hob sie an ihre Wangen und atmete den Duft ein. Auf ihrem Gesicht lag ein Glänzen.

MONIKA HUNNIUS

EIN WEIHNACHTSLIED

„Was ist denn heute für ein Tag?", rief Scrooge einem Knaben in Sonntagskleidern zu, der unterm Fenster stand.

„Wie?", fragte der Knabe mit der allergrößten Verwunderung.

„Was ist heut für ein Tag, mein Junge?", fragte Scrooge.

„Heute?", antwortete der Knabe. „Nun, Christtag."

„Es ist Christtag", sagte Scrooge zu sich selber. „Ich habe ihn also nicht versäumt. Die Geister haben alles in einer Nacht erledigt. Sie können alles, was sie wollen. Natürlich, natürlich. – Heda, mein Junge!"

„Was denn!", antwortete der Knabe.

„Kennst du des Geflügelhändlers Laden in der zweitnächsten Straße an der Ecke?", fragte Scrooge.

„I, warum denn nicht?", antwortete der Junge.

„Ein gescheiter Junge", nickte Scrooge. „Ein merkwürdiger Junge! Weißt du nicht, ob der Preistruthahn, der dort hing, verkauft ist? Nicht der kleine Preistruthahn, sondern der große."

„Was, der so groß ist wie ich?", entgegnete der Junge.

„Was für ein lieber Junge!", lächelte Scrooge. „Es ist eine Freude, mit ihm zu sprechen. Freilich wohl, mein Prachtjunge."

„Der hängt noch dort", antwortete der Junge.

„Ist's wahr?", sagte Scrooge. „Na, dann lauf und kaufe ihn."

„Hat sich was", spottete der Junge.

„Nein, nein", sagte Scrooge, „es ist mein Ernst. Geh hin und kaufe ihn und sag, sie sollen ihn hierherbringen, dass ich ihnen die Adresse geben kann, wohin sie ihn tragen sollen. Komm mit dem Träger wieder her, und ich gebe dir einen Schilling. Kommst du rascher als in fünf Minuten zurück, bekommst du eine halbe Krone."

Der Bengel verschwand wie ein Blitz.

„Ich will ihn Bob Cratchit schicken", flüsterte Scrooge, sich die Hände reibend und fast vor Lachen platzend. „Er soll nicht wissen, wer ihn schickt. Er ist zweimal so groß wie Tiny Tim. Einen Witz wie den hat's noch nie gegeben."

„Da ist der Truthahn. Hallo! Hussa! Wie geht's? Fröhliche Weihnachten!"

Das war ein Truthahn! Er hätte nicht mehr lang lebendig auf seinen Füßen stehen können. Sie wären – knix – zerbrochen wie eine Stange Siegellack.

„Was, das ist ja fast unmöglich, den nach Camden Town zu tragen!", sagte Scrooge. „Ihr müsst einen Wagen nehmen."

Das Lachen, mit dem er dies sagte, und das Lachen, mit dem er den Truthahn bezahlte, und das Lachen, mit dem er den Wagen bezahlte, und das Lachen, mit dem er dem Jungen ein Trinkgeld gab, wurde nur von dem Lachen übertroffen, mit dem er sich atemlos in seinen Stuhl niedersetzte und lachte, bis ihm die Tränen die Backen herunterliefen.

Nachmittags lenkte er seine Schritte nach der Wohnung seines Neffen. Er ging wohl ein Dutzend Mal an der Tür vorüber, ehe er den Mut hatte anzuklopfen. Endlich fasste er sich ein Herz und klopfte. „Ist dein Herr zu Hause, liebes Kind?", sagte Scrooge zu dem Mädchen. Ein nettes Mädchen, wahrhaftig!

„Ja, Sir."

„Wo ist er, liebes Kind?", sagte Scrooge.

„Er ist in dem Speisezimmer, Sir, mit Madame. Ich will Sie hinaufführen, wenn Sie erlauben."

„Danke, danke. Er kennt mich", sagte Scrooge, mit der Hand schon auf der Türklinke. „Ich will gleich eintreten, liebes Kind."

Er machte die Tür leise auf und steckte den Kopf hinein. Sie betrachteten gerade den Speisetisch (der mit großem Aufwand gedeckt war); denn junge Hausfrauen sind immer sehr bedacht darauf und sehen gern alles in hübschester Ordnung.

„Fred!", rief Scrooge.

Heiliger Himmel, wie seine Nichte erschrak! Scrooge hatte in dem Augenblick vergessen, dass sie mit dem Fußbänkchen in der Ecke gesessen hatte, sonst hätte er es um keinen Preis getan.

„Potztausend!", rief Fred. „Wer kommt da?"

„Ich bin's. Dein Onkel Scrooge. Ich komme zum Essen. Willst du mich hereinlassen, Fred?"

Ihn hereinlassen! Es war nur gut, dass er ihm nicht den Arm abriss. Er war in fünf Minuten wie zu

Hause. Nichts konnte herzlicher sein als die Begrüßung seines Neffen. Und auch seine Nichte empfing ihn nicht minder herzlich. Auch Topper, als er kam. Auch die runde Schwester, als sie kam. Und alle, wie sie nach der Reihe kamen. Wundervolle Gesellschaft, wundervolle Spiele, wundervolle Eintracht, wundervolle Glückseligkeit!

CHARLES DICKENS

Das ist
das Wunder
der Heiligen Nacht,
dass in
die Dunkelheit
der Erde
die helle Sonne
scheint.

FRIEDRICH VON BODELSCHWINGH

DIE LEGENDE VOM STROHSTERN

Als die Hirten auf den Feldern Bethlehems von der Geburt des Kindes gehört hatten, machten sie sich gleich auf den Weg, um es zu sehen. Auf dem Heimweg überlegten sie, was sie dem Kind bei ihrem nächsten Besuch schenken wollten: frische Schafsmilch, Mehl, Fett und ein warmes Fell. Nathaniel, der kleinste Hirtenjunge, hatte nichts zum Verschenken. Das machte ihn traurig. Als er auf seinem Strohbündel lag, konnte er lange nicht einschlafen. Immer musste er an das Kind im Stall denken. Von draußen leuchtete hell der Weihnachtsstern auf sein Lager und tauchte die einzelnen Strohhalme in sein warmes Licht. Da wusste Nathaniel plötzlich, was er dem Kind schenken konnte: einen Stern aus Stroh!

Leise, um die anderen nicht zu wecken, stand er auf. Mit einem Messer schnitt er ein paar Halme zurecht und legte sie zu einem Stern zusammen. Mit einem Wollfaden band er die Halme zusammen.

Am nächsten Tag, als die Hirten gemeinsam aufbrachen, trug Nathaniel den kleinen Stern aus Stroh vorsichtig in seinen Händen. Er wartete, bis die anderen ihre Geschenke dem Kind in die Krippe gelegt hatten. Dann trat er zu dem Kind und hielt ihm mit zitternden Händen seinen Strohstern hin.

Das Kind hielt den Stern fest und lächelte ihn an. Da wurde auch Nathaniel sehr froh.

VOLKSGUT

ICH WERDE

WEIHNACHTEN

IN MEINEM HERZEN TRAGEN

UND VERSUCHEN,

ES DAS GANZE JAHR HINDURCH

ZU BEWAHREN.

CHARLES DICKENS

FROHE WEIHNACHTEN UND EIN GLÜCKLICHES NEUES JAHR!

Es gibt Leute, die dir sagen werden, dass Weihnachten auch nicht mehr das ist, was es einmal war. Höre nicht auf sie. Es gibt wenige, die alt geworden sind auf dieser Erde, die nicht an jedem beliebigen Tag im Jahr solche Gedanken wachrufen könnten. Aber suche dir doch für deine trostlosen Erinnerungen nicht eben den fröhlichsten der 365 Tage aus. Rücke lieber deinen Stuhl näher an das flackernde Feuer, fülle dein Glas, stimme ein Lied an und sei dankbar, dass alles nicht noch schlimmer ist.

Denke nach über den Segen, der dir reichlich zuteilwurde – und er ist bei keinem gering –, und nicht über vergangenes Missgeschick, das jedem widerfährt. Fülle dein Glas abermals mit fröhlichem Gesicht und zufriedenem Herzen. Dein Weihnachten soll ein fröhliches sein und dein neues Jahr ein glückliches!

CHARLES DICKENS

Wirklich

Weihnachten

ist dann,
wenn die Stille der Heiligen Nacht
auch in unser Herz gefunden hat.

HANS CHRISTIAN ANDERSEN